Werner Pichler

BILDER WÖRTER RÄTSEL

Die Entwicklung der Schrift

Österreichischer Bundesverlag, Wien
Verlag J. F. Schreiber, Esslingen

Bildnachweis: Archiv für Kunst und Geschichte, Berlin 15, 25, 30 – Internationales Bildarchiv, München 21, 41 – ÖBV-Archiv 6, 7, 9, 13, 14, 15, 16, 17, 19, 20, 36, 37, 38, 40 – Österreichische Nationalbibliothek, Wien 33, 35 – Kurt Paul, Mehrnbach 5, 8, 13 – Barbara Pflaum, Wien 6 – Dr. Hans Norbert Roisl, Wien 22, 27, 28 – ZEFA, Düsseldorf 8, 23, 35

Hinweise für den Leser

Wenn dir zu einer Frage oder einem Spiel nichts einfällt, so kannst du unter der jeweiligen Nummer am Ende dieses Buches nachsehen!
Vielleicht hast du aber sogar bessere Ideen, dann kümmere dich nicht um die vorgeschlagenen Lösungen, sondern arbeite deine eigenen aus!

Wenn du die Bedeutung eines Wortes, das im Buch vorkommt, nicht kennst oder nicht weißt, wie man es ausspricht, dann schlag auf Seite 46 nach.
Ist das Wort in dem dort zusammengestellten Verzeichnis nicht enthalten, dann solltest du ein Lexikon oder ein Wörterbuch benützen.

Achtung! Warnung an faule oder vielbeschäftigte Leser!

Das ist nicht nur ein Buch zum schnellen Durchlesen und Anschauen schöner Bilder. An den Stellen, die mit derselben Farbe wie hier gekennzeichnet sind, sollst du selbst etwas machen: nachdenken, ein Spiel ausprobieren oder ein Rätsel lösen. Wenn du aber nicht mitmachen willst, dann schau an diesen Stellen einfach weg; damit sollen sich andere beschäftigen, du hast ja schließlich nicht für jeden Blödsinn Zeit!

Gesamtherstellung: Wiener Verlag
ISBN 3 215 **04079** 4 (ÖBV)
ISBN 3 480 **14104** 8 (JFS)

Signale

Wenn sich heute zwei Menschen miteinander verständigen, so bedienen sie sich dabei für gewöhnlich der Sprache. Außer unserer Sprache gibt es aber noch sehr viele andere Möglichkeiten der Verständigung. Die erste, die der Mensch benützt haben dürfte, und zwar schon sehr früh im Lauf seiner Entwicklung, ist die Geste – das Ausdrücken dessen, was man empfindet oder will, durch eine Körperbewegung.

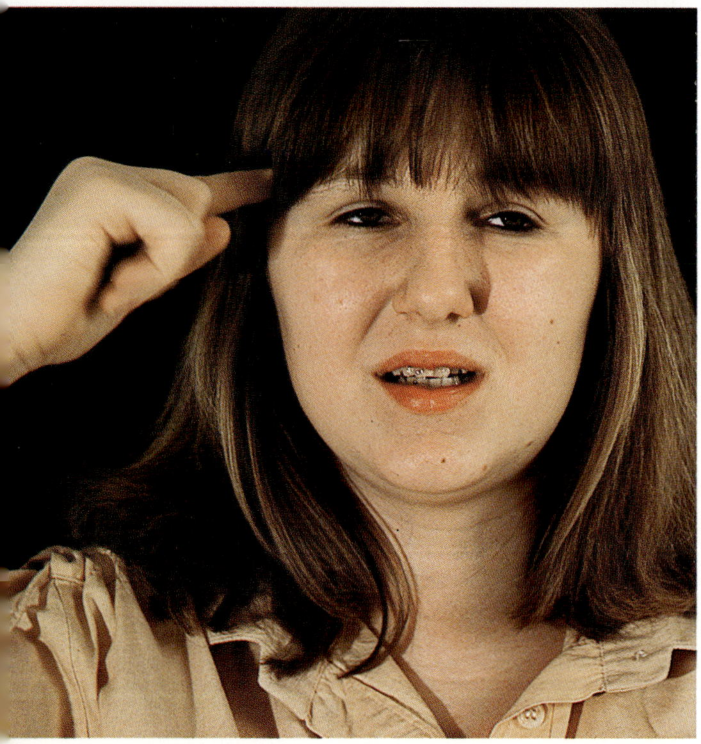

In welchen Situationen wenden Menschen Gesten an, wenn sie sich etwas mitteilen wollen?

Nicht nur in besonderen Ausnahmesituationen, sondern überall im Alltag verwenden wir Gesten: wir zeigen auf Gegenstände hin, nicken auf Fragen mit dem Kopf oder zucken mit den Achseln, wir winken jemandem, zu uns zu kommen, usw.
Gesten haben oft den Zweck, bestimmte Eindrücke zu erwecken oder eine Beeinflussung zu erreichen; daher bedienen sich zum Beispiel Schauspieler, Redner, Politiker sehr stark dieses Ausdrucksmittels. In der Zeichnung, besonders in der Karikatur, werden die Gesten manchmal übertrieben herausgestrichen, um die Wirkung auf den Betrachter zu erhöhen.

Was für ein wunderbares Werkzeug zur Verständigung sind doch die Hände! Mit ihnen leitet der Dirigent das Orchester; der erhobene Zeigefinger des Lehrers Lämpel (aus Wilhelm Buschs „Max und Moritz“) und die Handbewegung zur Stirn sprechen für sich selbst; die von der Figur auf dem Bild rechts oben dargestellte Geste entstammt einer altmexikanischen Gestensprache. Und zum Bild rechts unten: Ohne ihre Zeichensprache fänden die Taubstummen keinen Zugang zur Welt ihrer Mitmenschen.

Es gibt auch bedauernswerte Menschen, die weder hören noch sprechen können. Für diese Taubstummen ist eine Gebärdensprache das einzige Verständigungsmittel.

Probier einmal mit Freunden aus, was du alles durch Gesten ausdrücken kannst. Stellt euch so auf, daß ihr einander gegenübersteht. Abwechselnd zeigt jeder so lange Gebärden vor, bis eine nicht erraten wird. Der Rater darf zu jeder Gebärde fünf Fragen stellen, die mit Ja oder Nein beantwortet werden müssen. Sieger ist der, der die meisten Gebärden errät.
Genausoviel oder vielleicht sogar noch mehr hat aber der geleistet, der die Gebärden so gut ausführte, daß ihre Bedeutung leichter erkannt werden konnte.

Eine Verständigung allein durch Körperbewegungen hat natürlich den Nachteil, daß sie nur über sehr geringe Entfernungen angewendet werden kann. Da es aber auch früher häufig notwendig war, wichtige Nachrichten möglichst schnell über größere Entfernungen zu übermitteln, entdeckte der Mensch bald andere Möglichkeiten.
Die Indianer Nordamerikas beispielsweise verständigten sich über weite Landstriche durch Rauchzeichen, indem sie ein Lagerfeuer abwechselnd mit Tüchern abdeckten und in bestimmten Abständen den Rauch frei abziehen ließen. Damit konnten sie sich von Lager zu Lager über Kriegszüge oder Friedensschlüsse verständigen.
Manche Negerstämme Afrikas gaben ihre Nachrichten von Dorf zu Dorf durch Trommeln weiter. Viele Erforscher des afrikanischen Kontinents berichten, daß sie manchmal vor Schreck erstarrten, wenn der fremdartige Rhythmus der Negertrommeln durch den Busch dröhnte.

Auch bei der Seefahrt ergab sich schon sehr früh das Problem, sich von Schiff zu Schiff verständigen zu müssen. Zu seiner Lösung entwickelte man unter anderem zwei Arten von Flaggensprachen.
Entweder man verwendete für jeden Buchstaben (jede Ziffer) eine andere Flagge, wie zum Beispiel die hier abgebildeten:

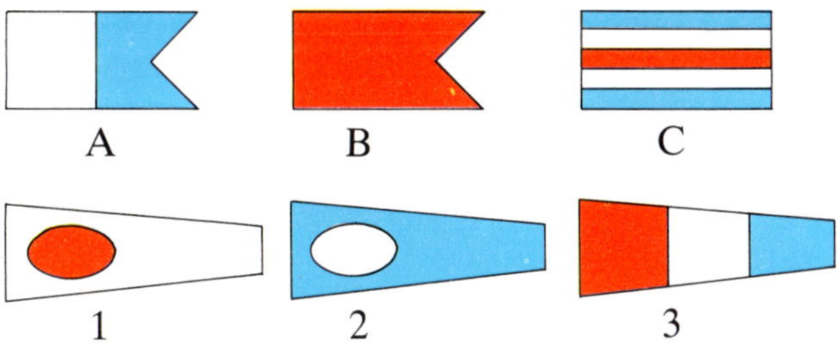

Oder man nahm zwei gleiche Flaggen, die man zueinander in verschiedene Stellungen brachte:

Du kannst solche Flaggen natürlich auch selbst herstellen: entweder durch Bemalen von Papier oder durch Zusammenkleben von Stoff- oder Tapetenresten.

(1)
Kannst du dir noch andere Arten vorstellen, wie man Nachrichten durch hörbare oder sichtbare Signale übertragen könnte?

Was ist nun allen bisher genannten Arten der Nachrichtenübermittlung gemeinsam? Wenn wir uns das genauer überlegen, so merken wir, daß sie nach dem gleichen Schema funktionieren:
Wir haben auf der einen Seite einen „Sender“, der Buchstaben oder Wörter in hörbare oder sichtbare Signale umwandelt. Diese Signale werden durch Schall- oder Lichtwellen bis zum Empfänger übertragen. Dieser übersetzt die Signale wieder in Buchstaben oder Wörter.
Damit er sie aber übersetzen kann, und erst dann klappt ja die Verständigung, muß er wissen, was die Signale bedeuten. Das heißt, beide müssen sich vorher auf denselben Vorrat an Signalen geeinigt haben.

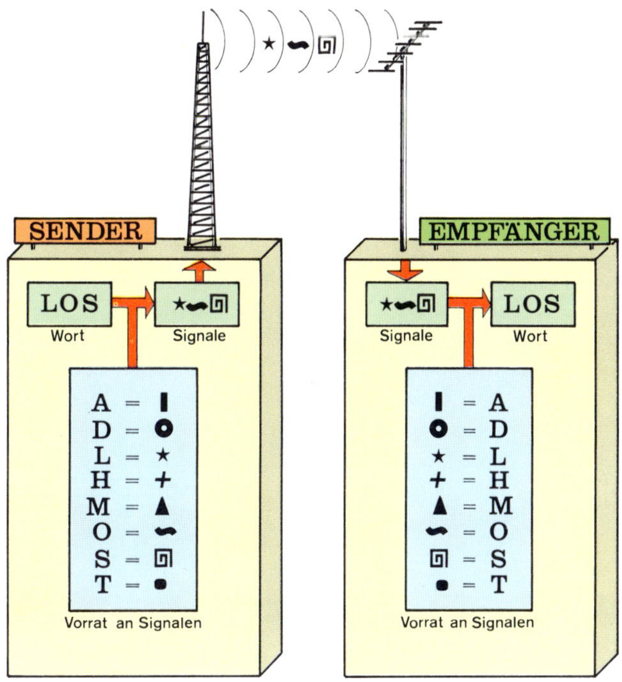

Bilder

Diese Jagdszene auf einer Felswand in der spanischen Provinz Castellón und die Tierbilder aus der Höhle Lascaux in Frankreich („Chinesisches Pferd“ und „Hirschgruppe“) sind typische Beispiele für die erstaunlichen künstlerischen Leistungen der Steinzeitmenschen.

Die bisher angeführten Verständigungsarten haben allerdings einen sehr großen Nachteil: Ihre Mitteilungen sind vergänglich, sie können also nicht für einen späteren Zeitpunkt „aufbewahrt“ werden.

Der Mensch entwickelte aber schon früh das Bedürfnis, Gedanken oder Nachrichten nicht nur für den Augenblick zu übermitteln, sondern für die Dauer festzuhalten.

Schon vor zwanzig- bis dreißigtausend Jahren zeichneten und malten unsere Vorfahren eigenartige Bilder an die Wände von Höhlen. Bilder, von denen wir bis heute nicht recht wissen, was sie bedeuten.

Sie zeichneten hauptsächlich Tiere, manchmal

auch Menschen, aber diese wenigen Menschen in seltsamer, von der Wirklichkeit abweichender Gestalt: mit Vogelköpfen oder Pferdefüßen. Vor allem aber zeichneten sie immer wieder Tiere: Wildpferde, Stiere, Bisons und Mammuts, eben alle Tiere, die es damals in Europa gab, als noch große Teile des Kontinents von Eis bedeckt waren.

Diese Menschen malten sicher nicht nur zu ihrem Vergnügen oder zur Freude anderer. Sonst hätten sie die Bilder doch nicht in Höhlen, und dort wieder meist an besonders versteckten und schwer erreichbaren Stellen, angebracht. Das Malen muß also irgendeinen geheimnisvollen Zweck gehabt haben.

Dieses Bild stammt aus der berühmten Höhle Lascaux in Frankreich; man nennt es „Der Zauberer". Was soll die Darstellung ausdrücken? Wollte man damit einen Jagdzauber ausüben? Das heißt: Wollte man Macht über das Tier bekommen, indem man es an die Felswand zeichnete und mit einem Pfeil durchbohrte? Was bedeuten dann aber das eigenartige Männchen und der Vogel auf der Stange? Wir wissen es nicht. Da wir außer Steinwerkzeugen und kleinen Gegenständen aus Horn oder Knochen nur sehr wenig Funde aus dieser Zeit haben, wissen wir auch wenig über die Menschen, die damals lebten, und können uns nur schwer in ihre Gedanken hineinversetzen.

Man fand in einer anderen Höhle in Frankreich auch Steine mit Zeichen, die unseren heutigen Buchstaben sehr ähnlich sehen, deren Alter man aber auf mindestens zehntausend Jahre schätzt.

Ist das schon eine Schrift? Diese Frage können wir mit ziemlicher Sicherheit verneinen. Die dargestellten Kieselsteine sind nur drei aus vielen Hunderten, die mit farbigen Strichen und Punkten bemalt sind, und die Zeichen auf ihnen sehen nur zufällig unseren heutigen Buchstaben ähnlich.

Wahrscheinlich hatten auch diese Zeichen eine kultische Bedeutung, das heißt, man wollte mit ihnen eine Zauberwirkung ausüben. Jedenfalls aber gab es vor zehntausend Jahren noch keine Schrift in unserem heutigen Sinn.
Wann und wo müssen wir eigentlich suchen, wenn wir die Anfänge unserer Schrift finden wollen?
Wir müssen dazu etwa fünftausend Jahre zurückgehen, und zwar nach Mesopotamien, in das damals äußerst fruchtbare Land zwischen den beiden Strömen Euphrat und Tigris. Heute gehört dieses „Zwischenstromland" zum Staate Irak.
Dort gab es schon dreitausend Jahre vor Christi Geburt mächtige und reiche Städte, die von Königen beherrscht wurden. In diesen kleinen Stadtstaaten, die häufig gegeneinander Krieg führten, gab es bereits eine gut organisierte Wirtschaft mit Handwerkern und Kaufleuten, die mit weit entfernten Völkern Handel trieben. Je

mehr und je größere Geschäfte man machte, desto notwendiger wurde es, über verkaufte oder lagernde Waren Aufzeichnungen zu führen. Dabei kam man auf die Idee, weiche Tonklumpen zu benützen, in die man leicht Zeichen einritzen oder eindrücken konnte.
Sodann wurden die Tontafeln getrocknet und konnten in eigenen Archiven aufbewahrt werden. Diese Tontafeln kennen wir eigentlich nur durch Zufall. Sie wären normalerweise im Lauf der Jahrtausende längst zu Staub zerfallen, wenn nicht viele der Städte, in denen sie aufbewahrt wurden, von Feinden niedergebrannt worden wären. Dabei wurden die Tafeln steinhart und konnten so, in der Erde verborgen, Jahrtausende überdauern, bis sie im 19. und 20. Jahrhundert von Archäologen gefunden und mit großer Sorgfalt ausgegraben wurden.

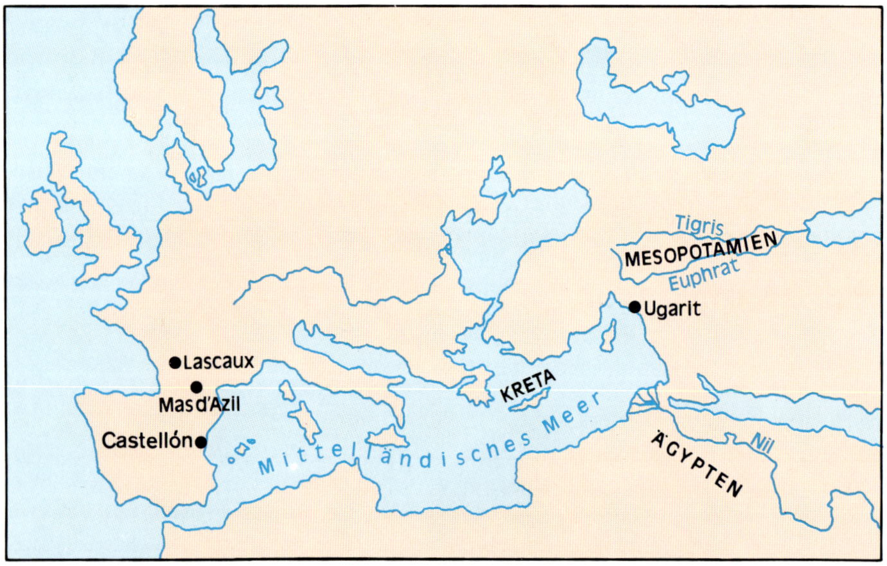

Rund um das Mittelmeer liegen bedeutende Fundstätten, die vom Vorhandensein früher Felsbilder und von der Entstehung der Schriften Zeugnis ablegen; in dieser Karte sind hauptsächlich jene Fundorte eingezeichnet, die im Buch erwähnt werden.

Was steht nun auf diesen ältesten Tontafeln, und können wir das heute noch lesen?
Da man anfangs vor allem den Besitz einer bestimmten Anzahl von Gegenständen festhalten wollte, zeichnete man einfach diesen Gegenstand und notierte daneben die Anzahl durch das Anbringen von Strichen.
Diese Tontafel verzeichnet 10 Sklaven, 6 Tonkrüge und 3 Pferde.

Das war natürlich nur der Anfang. Später wollte man auch kompliziertere Dinge darstellen, versuchte aber noch immer, sie möglichst genau abzubilden.
Inzwischen war man auch an anderen Stellen der Welt auf die Idee der Bilderschrift gekommen, etwa in Indien oder auf der Insel Kreta. Die schönsten und genauesten Bilder aber zeichneten die Ägypter.

Krieger Käfer

Sie versuchten sogar, Handlungen und Tätigkeiten durch Bilder darzustellen:

rudern gehen herrschen

2

Welche Tätigkeiten sind hier dargestellt?

Zeichne: essen
fliegen
kämpfen

Die Bewohner Mesopotamiens waren inzwischen dazu übergegangen, die Bilder einfacher zu gestalten, was natürlich die Deutlichkeit herabsetzte. Aber auch ihre Bedeutung ist heute meist noch zu erraten.

[3]

Was, glaubst du, bedeuten folgende Zeichen?

a) b) c)

Wie würdest du folgende Begriffe darstellen?

a) Regen b) Haus c) Stier

Gibt es diese Art, einen Gedanken oder ein Wort bildlich auszudrücken, heute überhaupt nicht mehr?
Wenn du etwas nachdenkst, werden dir bestimmt einige Beispiele einfallen, wo wir heute noch eine Bilderschrift verwenden.
Du liest doch bestimmt gerne Comics? Dann weißt du ja sicher, was diese Zeichen bedeuten:

Das linke Bild bedeutet „Mir geht ein Licht auf!“, wobei die Ringe unter der Sprechblase zusätzlich noch anzeigen, daß es sich um nichts Gesprochenes, sondern um einen Gedanken handelt. Das rechte Bild, das wir uns über dem Kopf einer Comic-Figur denken müssen, bedeutet: „Ich liebe dich!“

[4]

Was bedeuten folgende Zeichen?

Such dir schnell ein paar Comic-Hefte, die du zuletzt gelesen hast; zeichne so viele bildhafte Darstellungen heraus, wie du finden kannst, und versuch, ihre Bedeutung mit einem Wort oder einem kurzen Satz zu beschreiben.

Du könntest natürlich auch versuchen, selbst Comic strips zu zeichnen und dabei eigene Sprechblasenbilder zu erfinden!

Jetzt aber noch ein paar andere Beispiele für bildhafte Darstellungen.
Denk einmal an den Straßenverkehr. Was würdest du tun, wenn du in Jugoslawien zu einem Verkehrsschild mit der Aufschrift STOJ oder in

der Türkei zu einem Schild mit dem Wort DUR kämst? Du würdest wahrscheinlich nicht wissen, daß beides HALT bedeutet.
Um solche Verständigungsschwierigkeiten zu vermeiden, hat man sich schon längst international darauf geeinigt, auf den Verkehrstafeln fast nur bildhafte Darstellungen anzubringen, die auf der ganzen Welt verstanden werden:

Bahnübergang ohne Schranken

Fahrverbot für Fahrräder

Sackgasse

Aber nicht nur das Bild auf dem Verkehrsschild stellt eine Mitteilung an den Autofahrer dar, sondern auch die Form des Schildes: Ein dreieckiges Zeichen mit rotem Rand bedeutet, daß damit vor einer Gefahr gewarnt wird, ein rundes mit einem roten Rand, daß etwas verboten ist, und mit einem blauen, rechteckigen Zeichen wird auf etwas hingewiesen.

5

Weißt du, was diese drei Verkehrszeichen bedeuten?

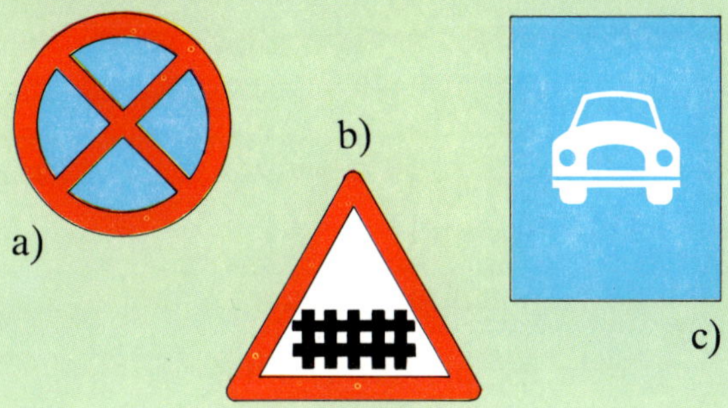

Erfinde selbst ein paar Verkehrszeichen, und zwar lustige, die es in Wirklichkeit gar nicht gibt!

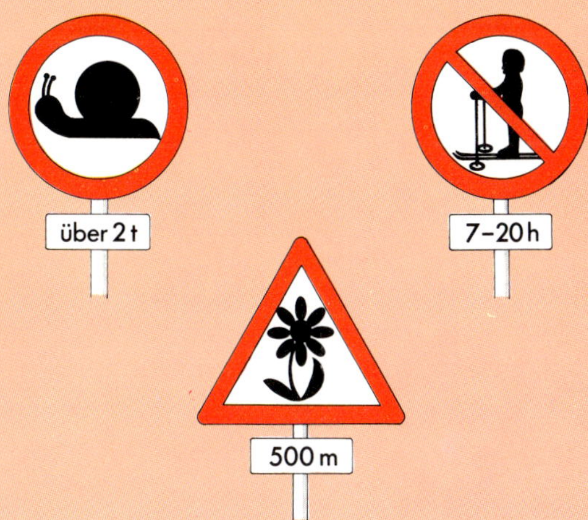

Wir sollten uns im Zusammenhang mit heutigen bildhaften Darstellungen auch noch ein paar Gedanken über unsere Zahlen machen. Was tun wir eigentlich, wenn wir statt

fünf plus vier ist gleich neun
$5 + 4 = 9$

schreiben?
Wir verwenden hier Zahlen und Zeichen, die erstens viel schneller zu schreiben und übersichtlicher zu rechnen sind und zweitens auch von jedem Ausländer verstanden werden.
Auch ein Engländer schreibt

$5 + 4 = 9,$

obwohl es in seiner Sprache

five plus four is equal to nine

heißt (sprich: faif plas for is ikwel tu nain).
Wir können also nicht nur die Zeichen +, – oder = als bildhafte Darstellungen bezeichnen, sondern auch unsere Zahlen.

6
Denk jetzt scharf nach, ob du noch weitere Beispiele findest, die man als Bildersprache bezeichnen könnte.

Nicht nur vor Jahrtausenden wurden Bilderschriften erdacht. Es gibt auch heute noch Menschen, die durch die Erfindung neuer Zeichen eine in allen Ländern verständliche Schrift schaffen wollen. Ein Beispiel dafür ist der Holländer K. Jansen, der in den fünfziger Jahren unseres Jahrhunderts die Schrift „PICTO“ entwickelte.
Er erfand zum Beispiel folgende Zeichen:

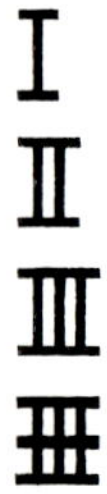

Ich
du
er
sie

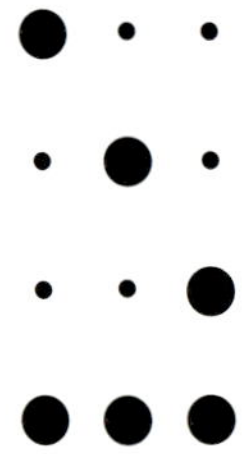

gestern
heute
morgen
immer

Sind das zufällige Zeichen, oder hat er sich dabei etwas gedacht? Welches System steckt dahinter? Ich gebe dir noch ein Beispiel, aber dann solltest du selbst versuchen, eine solche Reihe zusammengehöriger Begriffe sinnvoll darzustellen:

vor
hinter
über

unter
in

Wenn ich dir jetzt noch ein paar zusätzliche Begriffe zeige, kannst du schon ganze Sätze bilden:

sehen
gehen
Stadt
Haus
Baum

bin, bist
war, warst
werde, wirst, wird
habe, hast, hat

7
Was heißt dann:

a) 

b) 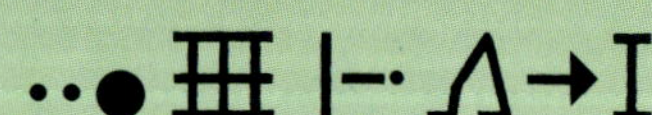

8

Übertrag folgende Sätze in Bilder:

a) Er hat sie hinter dem Baum gesehen.
b) Du gehst immer vor mir ins Haus.

Such dir weitere Bilder, und du hast bald eine Art Geheimsprache, mit der du dich mit deinem Freund oder deiner Freundin verständigen kannst, ohne daß es jemand anderer lesen kann.

Auch die Priester der Mayas hielten die Bedeutung ihrer Bilderschrift vor dem Volk streng geheim. Sie sahen in den magischen Bilderzeichen eine Gabe der Götter und achteten darauf, daß niemand außer ihnen selbst und den Herrschern sie entziffern konnte.
Die Bilderschriften nordamerikanischer Indianer hingegen sind wesentlich einfacher. Sie sollten wichtige Ereignisse und Nachrichten so übermitteln, daß sie von jedem verstanden werden konnten.

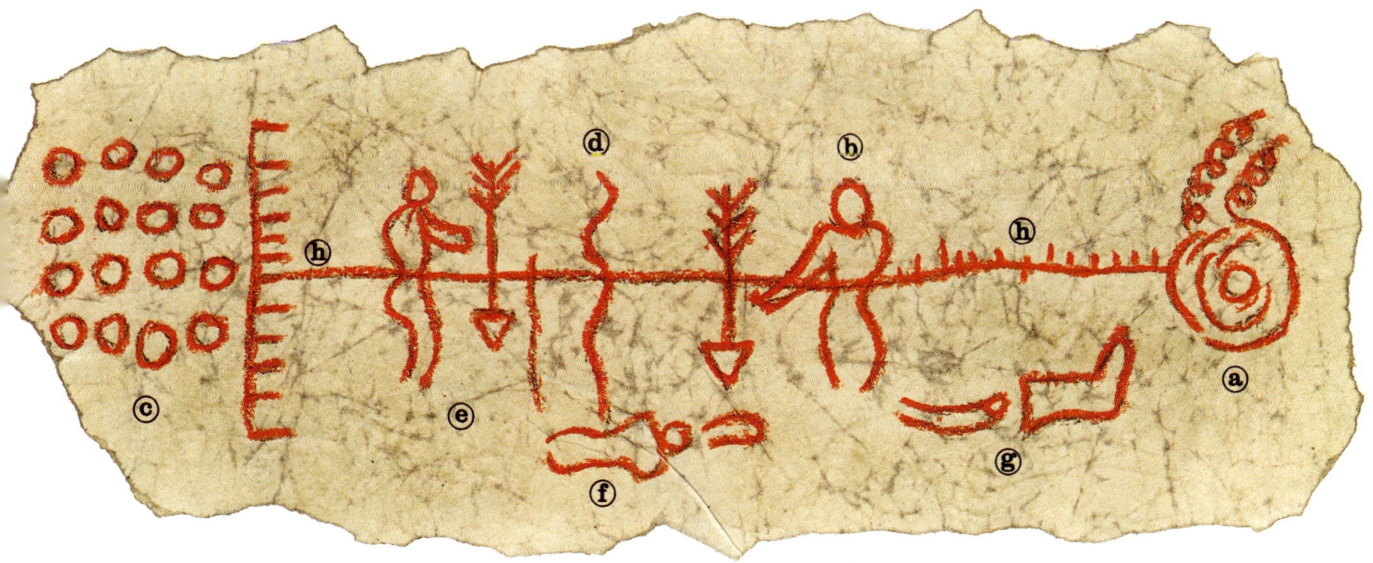

Bericht von Indianern aus dem Stamme der Ojibwa über einen Kriegszug gegen die Sioux:
Vom Lagerplatz der Ojibwa (a) und vom Zeltlager der Sioux (c) führen die Marschrouten (h) der beiden Stämme zum St.-Peters-Fluß (d), an dem das Gefecht ausgetragen wurde. Stellvertretend für die Stämme stehen die beiden Häuptlinge mit ihren Speeren (e und b). Die Ojibwa verloren bei dem Kampf einen Mann (f), konnten aber den Arm und den Fuß eines getöteten Gegners (g) als Trophäe heimbringen.

Eine andere, spielerische Art, Sprache durch Bilder auszudrücken, sind die Bilderrätsel, die in Zeitungen, Zeitschriften und Rätselheften zu finden sind.

9

Was bedeuten folgende Bilderrätsel?

a)

b)

Wie würdest du die Begriffe:
a) Bücherwurm
b) Handschuh
darstellen?

Man kann aber auch vor oder nach den Bildern Buchstaben ergänzen und die Bilder umdrehen:

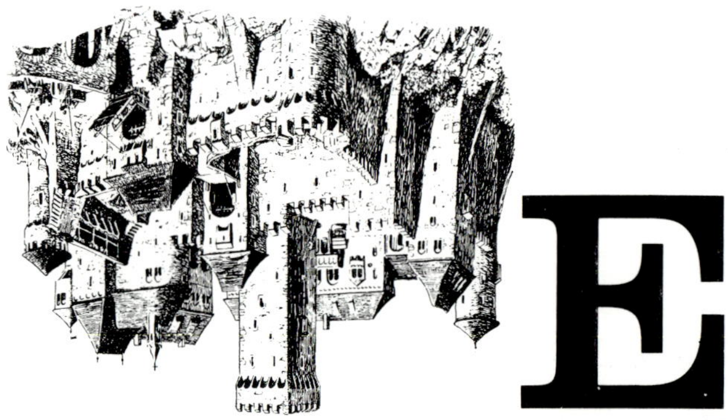

BURG (←) = GRUB + E = GRUBE

10

Was bedeutet:

a)

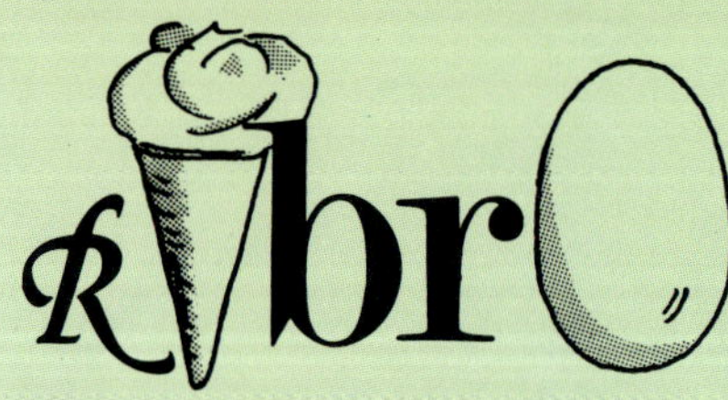

b)

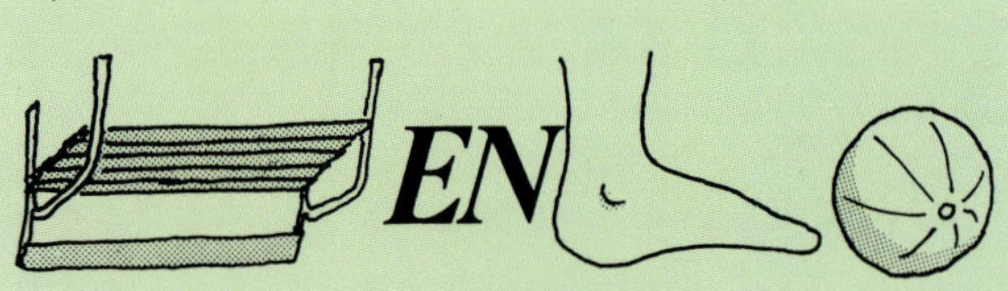

c)

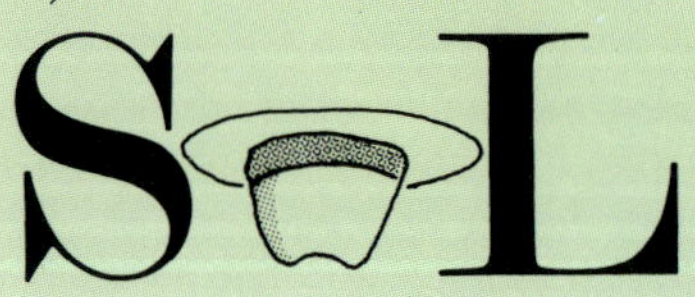

Silben

Bei dem Versuch, eine eigene Bilderschrift zu entwickeln, bist du wahrscheinlich schon daraufgekommen, daß dieses Schriftsystem einen großen Nachteil hat. Zur Übertragung eines längeren und komplizierteren Textes sind so viele Bildsymbole nötig, daß wir sie uns nur mehr schwer merken können. Unser deutscher Wortschatz umfaßt weit mehr als hunderttausend Ausdrücke, und ihr könntet euch ausrechnen, wie lange man in die Schule gehen müßte, um so viele Zeichen zu erlernen.
Ihr habt es übrigens tatsächlich viel leichter als etwa die Kinder in China, die heute noch in der Schule einige tausend Zeichen lernen müssen, da in der Schrift der Chinesen für jedes Wort ein eigenes Zeichen verwendet wird.

木	Baum	犬	Hund
門	Tür	巴	Schlange
雨	Regen	田	Feld

Andere Völker hingegen kamen schon vor mehreren tausend Jahren darauf, daß diese Art der Schrift nicht ideal war. Die Ausbildung der Schreiber war mühsam und langwierig, nur ganz wenige Menschen hatten einen Überblick über diese Vielfalt an Zeichen und konnten die geschriebenen Texte auch lesen.
Daher gingen die Bewohner Mesopotamiens bereits um 2500 vor Christus dazu über, mit einem Zeichen nicht mehr ein Wort, sondern eine Silbe auszudrücken:

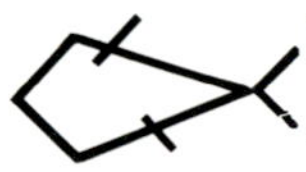
bedeutete nun nicht mehr das Wort „ha“ = „Fisch“, sondern die Silbe „ha“, die auch in anderen Wörtern vorkommt,

nicht mehr das Wort „kur“ = „Gebirge“, sondern die Silbe „kur“.

Da es viel weniger Silben als Wörter gibt, konnte man nun die Anzahl der benötigten Zeichen auf etwa zweihundert bis dreihundert verringern. Denn aus diesen Silben lassen sich ja durch unterschiedliche Aneinanderreihung unendlich viele Wörter bilden.
Die sehr komplizierte Entwicklung ließe sich etwa so darstellen:
Die Zeichen  , die man vorher wahrscheinlich mit „Fischgebirge“ oder „Gebirgsfisch“ übersetzt hätte, wurden nun zum Wort „hakur“. Dieses konnte eine Bedeutung haben, die mit dem ursprünglichen Sinn der Zeichen in keinem Zusammenhang mehr stand.
Wenn wir heute eine alte Schrift aus dieser Übergangszeit vor uns haben, so ist es besonders schwierig, sie zu entziffern, da wir nie genau wissen, ob das Zeichen noch ein Wort oder schon eine Silbe bedeutet.
Fast gleichzeitig mit dieser Entwicklung vom Wort zur Silbe ging noch eine weitere Veränderung vor sich. Mit der Höherentwicklung von Wirtschaft und Verwaltung bei den alten Kulturvölkern mußten die Schreiber immer mehr und immer schneller schreiben. Daher waren sie gezwungen, die anfangs sehr komplizierten Bilder zu vereinfachen: Unwichtiges wurde weggelassen, runde Linien wurden zu geraden usw. Die Bilder wurden allmählich zu Zeichen, die mit dem Griffel möglichst schnell in den weichen Ton gedrückt werden konnten. Durch dieses Eindrükken mit einem stumpfkantig zugeschnittenen Rohrgriffel entstanden keilförmige Vertiefungen: die Keilschrift war geboren, eine Schriftform, die einen jahrhundertelangen Siegeszug über viele Länder und in vielen Sprachen antreten sollte.

Die Ausbreitung der Keilschrift bei den asiatischen Völkern

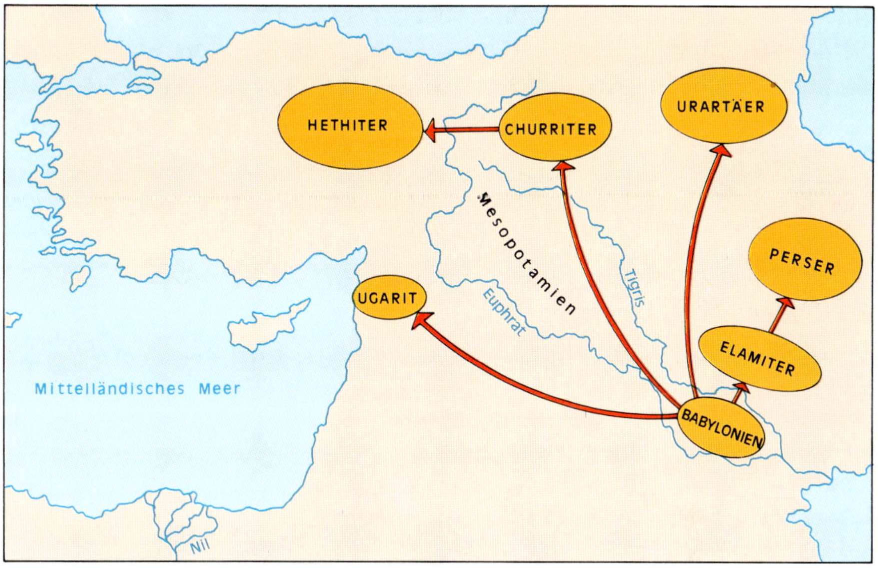

Die Statue links stammt aus der Stadt Ur in Südbabylonien. Sie hat ein Alter von ungefähr 4 000 Jahren. Die Inschrift in Buchstabenkeilschrift enthält eine Weihung an den Gott Ningirsu.

Von den Sumerern und Akkadern übernahmen die Assyrer und Babylonier, die späteren Bewohner Mesopotamiens, die Keilschrift; aber auch weitere asiatische Völker, wie die Elamiter und Urartäer, verwendeten sie. Schließlich wanderte die Keilschrift bis zu den Hethitern in Kleinasien und zu den Persern.

Vorerst aber wollen wir uns ein paar Beispiele ansehen, wie die Bewohner Mesopotamiens ihre Zeichen vereinfachten:

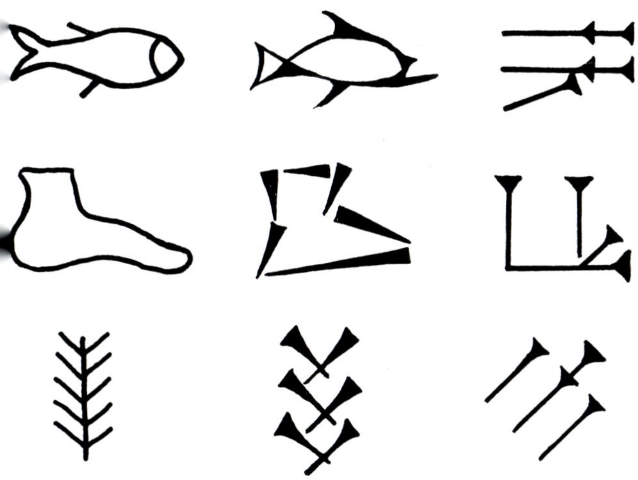

Diese schrittweise Vereinfachung ging, wie du aus der Zeichnung siehst, meist so weit, daß man den dargestellten Gegenstand zuletzt nicht mehr erkennen konnte. Das war aber auch nicht mehr notwendig, denn jeder Beteiligte, sowohl der Schreiber als auch der Leser, wußte ja, was damit gemeint war. Nur für den, der heute die Schrift entziffern will, wird die Arbeit damit Schritt für Schritt schwieriger.

Werden nun heute noch Schriften verwendet, in

Assyrische Keilschrifttafel

denen jede Silbe ihr eigenes Zeichen hat? Ja, selbstverständlich! Beispielsweise gehören zu dieser Gruppe viele asiatische Schriften, wie etwa in Tibet, Indien, Indonesien oder Japan, wobei aber immer Vermischungen mit Wort- und Buchstabenzeichen auftreten.

Tibetisch

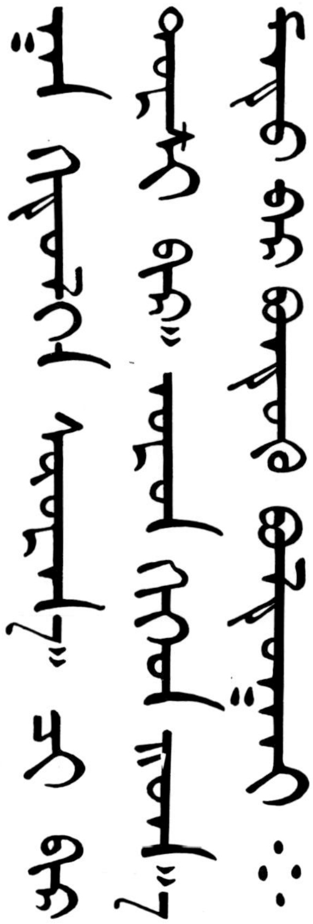

Mongolisch

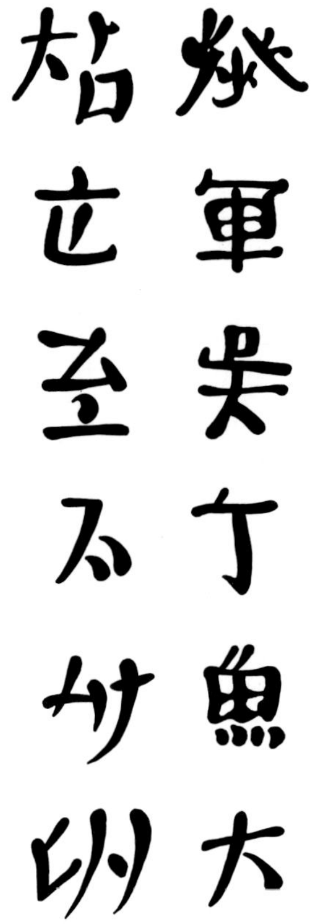

Koreanisch

Japanisch

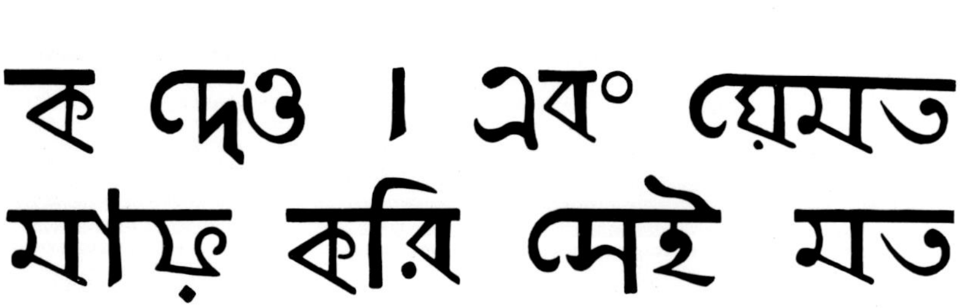

Bengalisch

Eine solche Mischung zwischen einer Silbenschrift und einer Buchstabenschrift stellt die sogenannte „Konsonantenschrift“ dar, die deshalb so heißt, weil sie nur aus Konsonanten (Mitlauten) besteht, während die Vokale (Selbstlaute) weggelassen werden oder nur durch Punkte und Striche angedeutet sind.
Zu dieser Gruppe gehören die semitischen Schriften, also etwa die hebräische oder die arabische. Welches große Problem ergibt sich bei dieser Schriftart? Wir wollen uns das an einem Beispiel ansehen:
Der Name des Gründers der islamischen Religion wurde folgendermaßen geschrieben:

MHMD

Jeder Araber wußte, wie das auszusprechen war. Da die Selbstlaute aber völlig fehlen, gibt es für uns heute viele Möglichkeiten, diesen Namen auszusprechen:

MOHAMMED
MOHAMMAD
MUHAMAD
MEHMED usw.

Arabisch

مصر القاهِرَة

Hebräisch

ישראל

Versucht einmal folgendes Spiel zu zweit: Der eine schreibt aus einer Zeitung oder aus einem Buch einige Sätze heraus, läßt dabei aber alle Vokale weg. Der andere versucht dann, diese Vokale zu ergänzen und damit den Sinn der Sätze wiederherzustellen.

Auch in unserer heutigen Sprache und Schrift spielen die Silben eine wichtige Rolle. Wir trennen die Wörter zwischen den Silben ab, wobei es oft gar nicht so einfach ist, die Regeln einzuhalten; wir können durch Hinzufügen von Vor- oder Nachsilben fast beliebig viele neue Wörter bilden.

Auch eine eigene Rätselart beschäftigt sich damit, aus Silben Wörter zusammenzustellen: die Silbenrätsel.

(11)

Versuch die folgenden Silbenrätsel aufzulösen:

1		■	2		3
	■	4		■	
■	5		■	6	
7		■	8		

Waagrecht:
1 weibl. Vorname
2 Dachzimmer
4 Feldhuhn
5 Gerät zum Kehren
6 Brettspiel
7 ersuchen
8 Gegenteil von davor

Senkrecht:
1 besondere Art des Kalks
2 Bekleidungsstück
3 Maßeinheit
4 größer werden
5 mit Gott sprechen
6 Gegenteil von daher

(12)

al – bet – che – ge – gei – gen – gi – he – la – nis – or – pa – pa – pha – re – ru – ster – ster – tein – tu – un – wart

Bilde aus diesen Silben Wörter mit folgender Bedeutung:

1 tropischer Vogel
2 Musikergruppe
3 Verzeichnis; Pfeifenreihe der Orgel
4 Hauptstadt von Tunesien
5 Teil der Uhr
6 Jetztzeit
7 Buchstabenreihe
8 Sprache, die heute nicht mehr gesprochen wird

Bei richtiger Lösung ergibt sich aus den ersten Buchstaben der Wörter der Name eines europäischen Landes.

Buchstaben

Hast du schon einmal darüber nachgedacht, wieso wir die 26 Zeichen, mit denen wir schreiben, zusammen als das Alphabet bezeichnen und die einzelnen Zeichen Buchstaben nennen?
Das Wort Alphabet setzt sich zusammen aus den griechischen Namen für die beiden ersten Zeichen: A = Alpha, B = Beta.
Das griechische Alphabet bestand allerdings nur aus 24 Zeichen.
Das kommt daher, daß es zum Teil ganz andere Laute berücksichtigen mußte, die zum Beispiel durch ein „th", „ph" und „kh" wiedergegeben wurden.
Umgekehrt war es hingegen so, daß das griechische Alphabet zum Beispiel nicht wie das unsrige zwischen den Zeichen „c" und „z" unterschied.

Diese Marmorbüste wurde von den Söhnen des Dargestellten, dessen Name Jason ist, errichtet. Das erfahren wir aus der griechischen Inschrift auf dem Sockel. Die Büste stammt vermutlich aus dem 2. Jh. n. Chr.

Α	α	Alpha	Ν	ν	Ny
Β	β	Beta	Ξ	ξ	Xi
Γ	γ	Gamma	Ο	ο	Omikron
Δ	δ	Delta	Π	π	Pi
Ε	ε	Epsilon	Ρ	ϱ	Rho
Ζ	ζ	Zeta	Σ	σ ς	Sigma
Η	η	Eta	Τ	τ	Tau
Θ	ϑ	Theta	Υ	υ	Ypsilon
Ι	ι	Jota	Φ	φ	Phi
Κ	ϰ	Kappa	Χ	χ	Chi
Λ	λ	Lambda	Ψ	ψ	Psi
Μ	μ	My	Ω	ω	Omega

Die Bezeichnung Buchstaben kommt daher, daß die Germanen ihre Schriftzeichen, die wir Runen nennen, in Buchenholzstäbchen einritzten.
Die hier abgebildete Runenreihe fand in der Völkerwanderungszeit bei allen germanischen Stämmen Verwendung. Sie hatte ebenfalls nur 24 Zeichen, wobei es wiederum für bestimmte Laute oder Lautverbindungen, wie zum Beispiel „ei“ oder „ng“, eigene Zeichen gab. Wie bei vielen älteren Schriften waren auch bei den Runen manchmal für einen Laut verschiedene Schriftzeichen üblich.

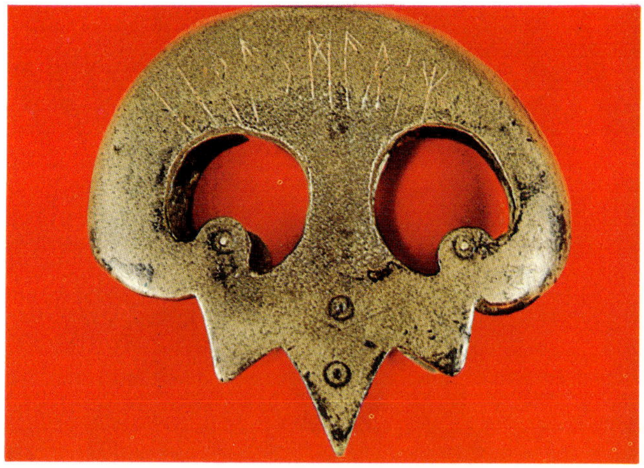

Die Schwertzwinge schützte das untere Ende der hölzernen Schwertscheide. Die hier abgebildete Zwinge ist aus Bronze und trägt eine Runeninschrift.

f	u	th	a	r
k	g	w	h	n
i	j	ei	p	z (R)
s	t	b	e	m
l	ng	d	o	

Aber erfunden haben das Alphabet weder die Griechen noch die Germanen. Wer kam eigentlich auf die geniale Idee, ein Zeichen für jeden Buchstaben zu setzen und damit die Zahl der notwendigen Zeichen auf 20 bis 30 zu verringern? Dieser letzte und entscheidende Schritt in der Entwicklung der Schrift vollzog sich im 2. Jahrtausend vor Christus an der östlichen Mittelmeerküste im Gebiet der heutigen Staaten Israel, Libanon und Syrien.

Die semitischen Völker, die diese Landstriche damals bewohnten, werden in der Bibel als Kanaaniter bezeichnet, ihre Nachfahren waren die Phönizier. Diese beeinflußten die geschichtliche Entwicklung im Mittelmeerraum entscheidend. In der Hafenstadt Ugarit (siehe Karte S. 23), dem heutigen Ras Schamra, fanden Ausgräber neben Tausenden anderen mit Keilschrift bedeckten Tafeln auch eine, die mit 30 verschiedenen Zeichen bedeckt war. Heute wissen wir, daß das eine der wichtigsten Entdeckungen der Archäologie war. Auf dieser Tafel ist das „erste Alphabet" der Welt aufgezeichnet: 30 verschiedene Zeichen in einer ganz bestimmten Reihenfolge:

'(a)	'(e)	'(u)	b	g
d	h	w	z	ḥ
ẖ	ṭ	y	k	l
m	n	s	s̀	^{c}
ġ	p	ṣ	ẓ	q
r	š	ž	t	ṯ

Diese 30 Zeichen wurden nach den alltäglichen Dingen benannt, aus deren Abbildung sie entstanden waren. So hatte sich das erste Zeichen aus dem Bild eines Ochsen (= ALEPH), ein anderes aus dem eines Hauses (= BETH) entwickelt. Die Urform des Alphabets war entstanden! Mit den Schiffen der Phönizier wurde später die Idee der Buchstabenschrift in teilweise stark veränderter Form bis zu den Grenzen der damals bekannten Welt hinausgetragen. Sie entwickelte sich weiter nach allen Richtungen, und es entstand – zum Teil völlig unabhängig voneinander – eine große Vielfalt von Schriften.
Die Verschiedenartigkeit der Zeichen macht ihre Entzifferung so schwierig, und die Wissenschaft ist bei ihrem Weiterkommen sehr oft auf glückliche Zufälle angewiesen. Ein solcher war der Fund des Steins von Rosette. Diese schwarze Basaltplatte wurde im Jahr 1799 während des Ägyptenfeldzuges Napoleons entdeckt. Sie war der Schlüssel zur Entzifferung der Hieroglyphen. Auf ihr ist ein Text in drei verschiedenen Schriften eingeritzt: in Hieroglyphen, in einer jüngeren ägyptischen Schrift und in der leicht lesbaren griechischen Schrift. Es dauerte aber trotzdem noch fast zwanzig Jahre, bis man die Hieroglyphen tatsächlich lesen konnte.

Beispiel einer phönizischen Schrift

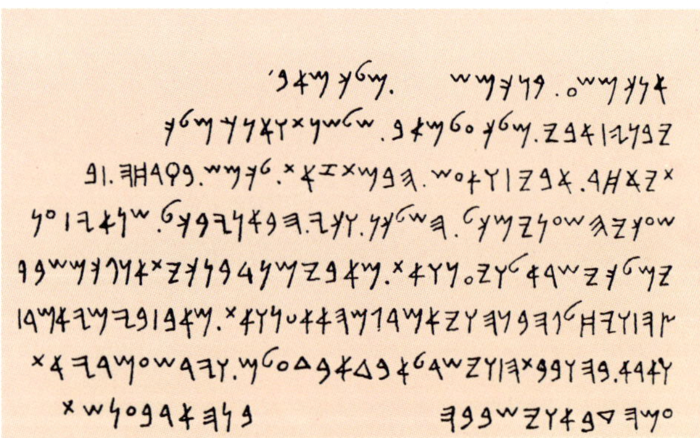

Der Stein von Rosette

Ein kleiner, spielerischer Vergleich kann vielleicht einen Eindruck von der Mannigfaltigkeit der Zeichen in einzelnen Schriften vermitteln. Wir sehen uns dazu an, in welcher Buchstaben- oder Silbenfolge bei einigen Völkern und in manchen Ländern die Lautfolge, aus der sich unser Wort „TAGE“ zusammensetzt, geschrieben wird.

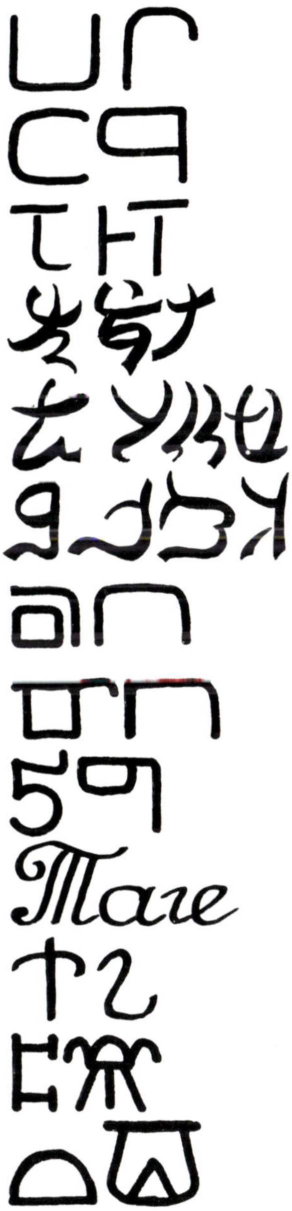

Eskimos

Cree-Indianer

Korea

Japan

China

Mongolei

Indonesien

Hinterindien

Tibet

Rußland

Äthiopien

Kreta

Ägypten

Um die Verschiedenartigkeit von Schriften festzustellen, müssen wir aber gar nicht bis in ferne Länder schweifen. Wenn wir heute zwanzig Personen verschiedenen Alters, Berufs und Geschlechts einen Text mit der Hand schreiben lassen, wird sich folgendes herausstellen: Kaum zwei Schriften sehen so ähnlich aus, daß man sie leicht verwechseln könnte. Die meisten Leute entwickeln im Laufe der Jahre eine eigene Art zu schreiben – manchmal eine sehr schlampige, manchmal aber auch eine sehr schöne, eigenwillige Handschrift.

Es gibt Fachleute (Graphologen), die aus den Besonderheiten einer Handschrift den Charakter eines Menschen und sogar Krankheiten ablesen können.

Anschließend ein paar der von ihnen aufgefundenen Zusammenhänge zwischen dem Schriftbild und gewissen persönlichen Eigenschaften des Schreibers:

Schriftlage

verkrampft
scheu

selbstbeherrscht
zurückhaltend

lebensfroh
gesellig

Ober- und Unterlängen

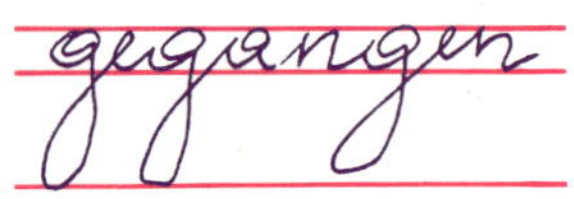

Interesse am
Materiellen

Interesse am
Geistigen

Zeilenführung

optimistisch
tatenfreudig

niedergedrückt
ermüdet

Rand

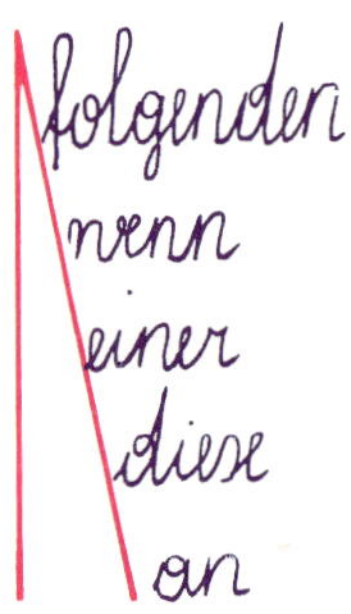

leicht beeinflußbar
lebhaft

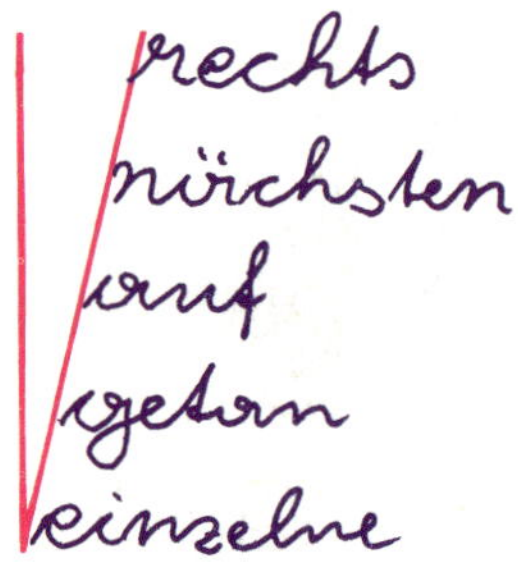

schwer beeinflußbar
sparsam

Daneben gibt es noch viele andere Merkmale, wie den Wortabstand, den Geschwindigkeitsgrad, die Größe oder den Zeilenabstand. Man kann also nicht von einem einzigen Merkmal auf das Wesen eines Menschen schließen, sondern nur durch eine genaue und vergleichende Untersuchung aller Einzelheiten. Wer dieses Wissensgebiet nicht genau studiert hat, sollte daher sehr vorsichtig sein und einen Menschen nicht unbedingt nach seiner Schrift beurteilen.

Worin könnten nun die charakteristischen Merkmale der beiden abgebildeten Handschriften bestehen?

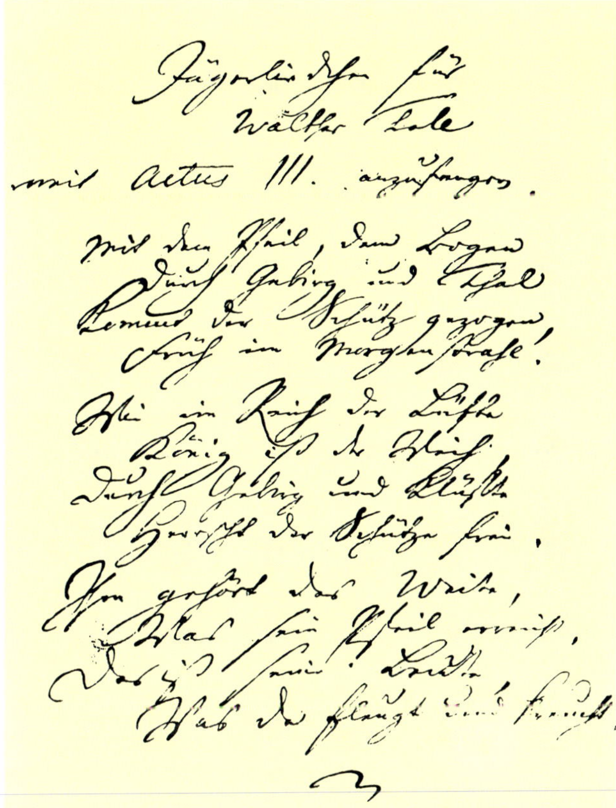

Jägerliedchen für
Walther Tell
mit Actus III. anzufangen.

Mit dem Pfeil, dem Bogen
Durch Gebirg und Thal
Kommt der Schütz gezogen
Früh im Morgenstrahl!

Wie im Reich der Lüfte
König ist der Weih,
Durch Gebirg und Klüfte
Herrscht der Schütze frei.

Ihm gehört das Weite,
Was sein Pfeil erreicht,
Das ist seine Beute,
Was da fleucht und kreucht.

Rechts: Jägerliedchen für Walther Tell; eigenhändige Niederschrift von Friedrich Schiller. Unten: Teil eines Briefes, den der berühmte Missionsarzt Albert Schweitzer geschrieben hat.

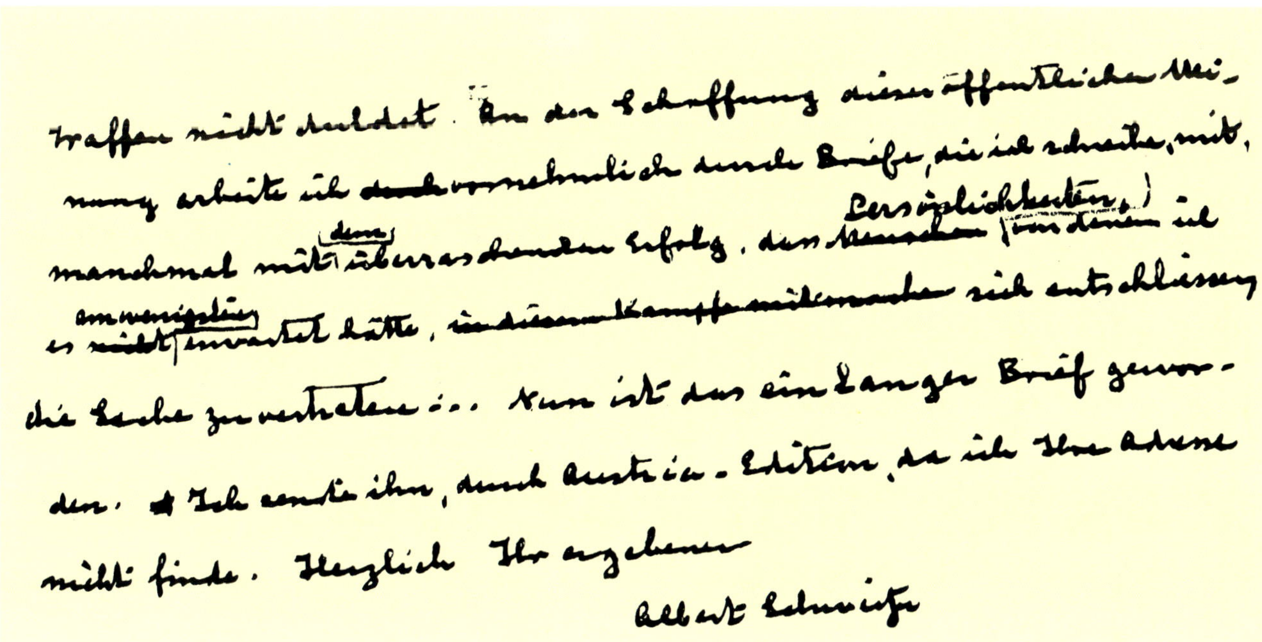

Waffen nicht duldet. An der Schaffung dieser öffentlichen Meinung arbeite ich vornehmlich durch Briefe, die ich schreibe, mit manchmal mit dem überraschenden Erfolg, dass Persönlichkeiten, von denen ich es am wenigsten erwartet hätte, sich entschliessen, die Sache zu vertreten... Nun ist das ein langer Brief geworden. Ich sende ihn durch Austria-Edition, da ich Ihre Adresse nicht finde. Herzlich Ihr ergebener

Albert Schweitzer

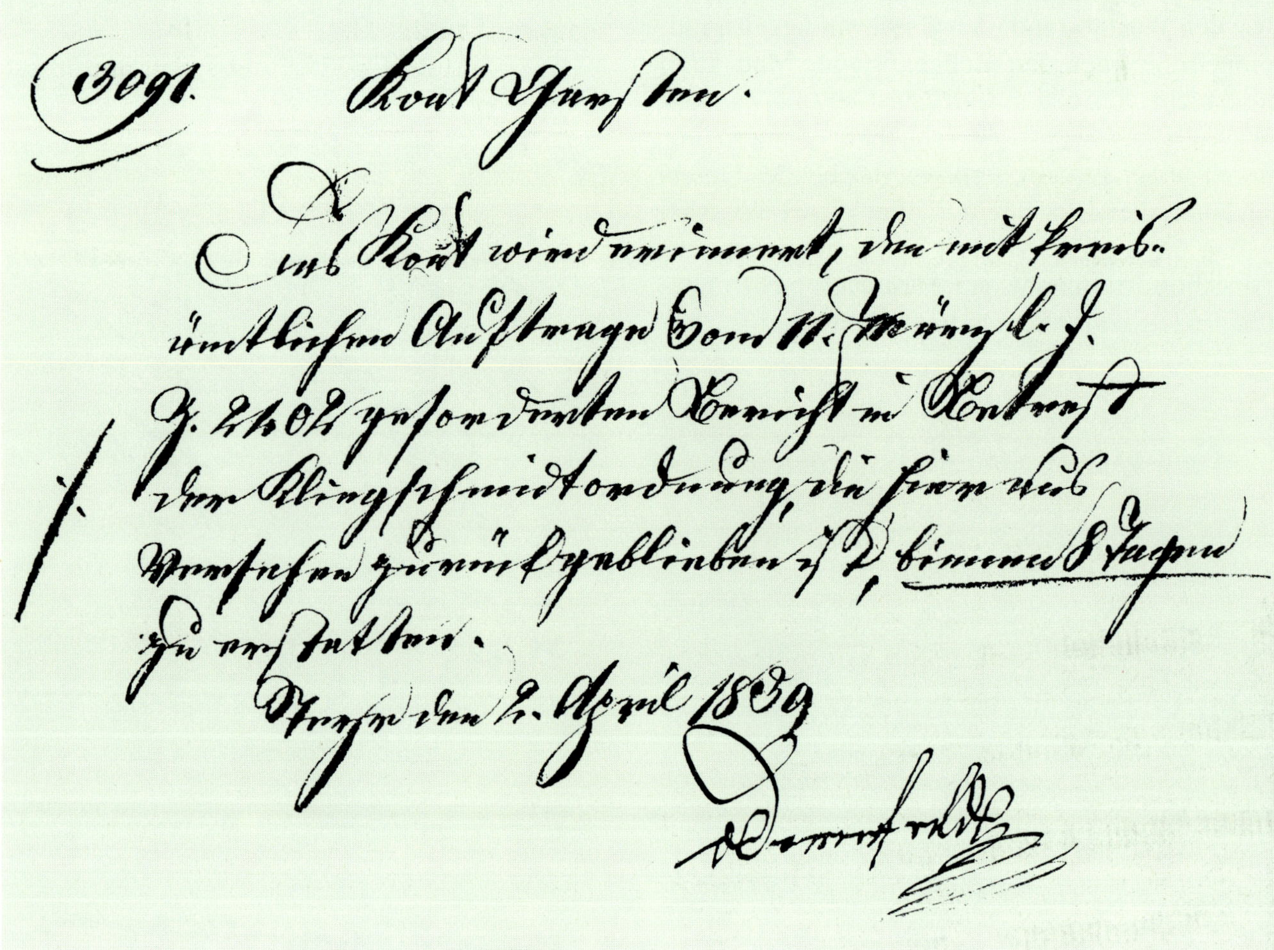

Wie verschieden Schriften auch immer sein mögen, eines ist sicher: es hat zu allen Zeiten Menschen gegeben, die sehr viel Sorgfalt daran wandten, besonders schön zu schreiben.
Vielleicht hast du einmal zufällig einen Brief deines Urgroßvaters oder eine alte Urkunde aus dem vorigen Jahrhundert mit sorgfältig verzierten Buchstaben in die Hand bekommen.

Versuch selbst einmal, deine Handschrift zu verändern, etwa durch Verzierung der Buchstaben oder andere Besonderheiten.

Die oben abgebildete Gerichtsurkunde aus dem Jahr 1839 ist in Kurrentschrift geschrieben, die zur Zeit deiner Großeltern in der Schule noch als bevorzugte Schrift gelehrt wurde. Rechts eine alte Handschrift des Nibelungenliedes (oben), eine Seite aus einem handgeschriebenen Meßbuch von 1499 sowie das Bildnis eines Mönches, der gerade an einem Buch arbeitet.

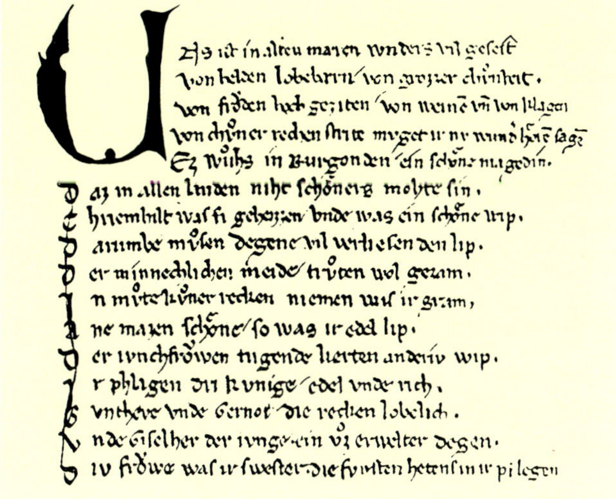

Zu einer eigenen Kunst wurde das Schreiben von den Mönchen des Mittelalters entwickelt, die in den Schreibstuben der Klöster saßen und in oft jahrelanger, mühevoller Arbeit Bücher abschrieben. Besondere Aufmerksamkeit widmeten sie den ersten Buchstaben der Kapitel, die sie kunstvoll verzierten und manchmal zu eigenen Bildern gestalteten. Solche meisterhaft ausgeführten Anfangsbuchstaben nennt man Initialen.

Obwohl die hier abgebildeten Schriften erst einige hundert Jahre alt sind, haben wir schon große Mühe, sie zu entziffern. Um wieviel schwerer noch hat es ein Forscher, der eine mehrere tausend Jahre alte Schrift entziffern soll!

Versetzen wir uns einmal in die Lage eines solchen Wissenschaftlers, der eine unbekannte alte Schrift zu entschlüsseln hat. Nehmen wir an, man hat bei der Ausgrabung einer alten Befestigungsanlage eine Tontafel mit folgender Inschrift gefunden:

Können wir das übersetzen? Unmöglich, denn wir wissen nicht, um welche Sprache und um welche Art von Schrift es sich handelt. Wir können aber aus dem Text einiges kombinieren. Der Schrägstrich scheint ein Zeichen zur Trennung der Wörter voneinander zu sein. Der Text besteht also aus sieben Wörtern, von denen das letzte möglicherweise unvollständig wiedergegeben ist, weil es von keinem Schrägstrich abgeschlossen wird. Außerdem können wir abzählen, daß vierzehn verschiedene Zeichen verwendet werden, aber das bringt uns nicht viel weiter.
Viel wichtiger ist die Frage, um welche Schrift es sich handelt. Eine Wortschrift scheidet von vornherein aus, da sich die einzelnen Wörter ja aus zwei bis sieben Zeichen zusammensetzen. Auch eine Silbenschrift ist unwahrscheinlich, da Sprachen nur selten Wörter mit sechs bis sieben Silben aufweisen, wie das für diesen Text mehrmals zutreffen würde. Es scheint sich also um eine Buchstabenschrift zu handeln.

Als nächstes muß ein Forscher versuchen, aus dem Ort des Auffindens und aus geschichtlichen Kenntnissen auf die verwendete Sprache zu schließen. Nehmen wir in unserem Fall der Einfachheit halber an, daß es sich um die deutsche Sprache handelt. In der Praxis freilich scheitert die Entzifferung oft an dieser Frage.
Können wir nun, nachdem wir schon so viel wissen, den Text entziffern? Es wird auf keinen Fall gelingen, da der Text dazu zu kurz ist. Nehmen wir daher an, daß uns der Zufall hilft und inzwischen ein weiteres Bruchstück der Tafel gefunden wurde.

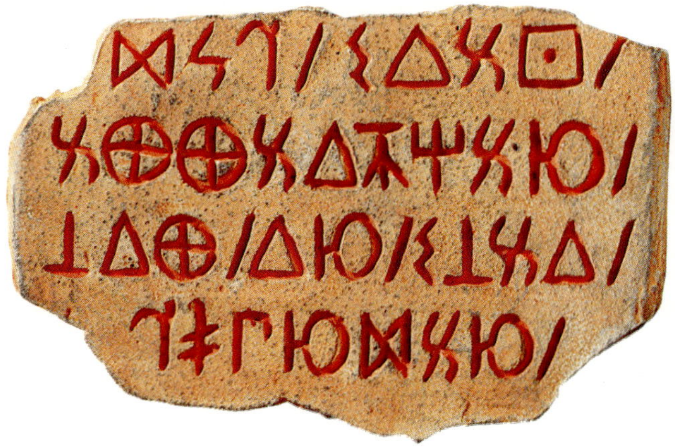

Es handelt sich noch einmal um sieben Wörter mit vier neuen Zeichen. Doch auch jetzt scheint eine Entzifferung auf den ersten Blick sehr schwierig zu sein. Versuchen wir nun einmal, durch Anwendung einiger Kenntnisse über die deutsche Sprache und durch geschicktes Kombinieren weiterzukommen.
So ist zum Beispiel erwiesen, daß in der deutschen Sprache der am häufigsten verwendete Buchstabe das E ist.
In unserem Text kommt das Zeichen  elfmal vor, und wir können daher annehmen, daß es sich um das E handelt.

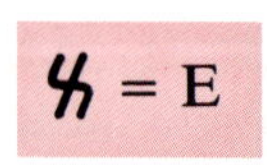

Jetzt wird es schon schwieriger. Der nächsthäufige Buchstabe ist das N, aber in unserem Text kommen die Zeichen Ю und Δ neun- bzw. achtmal vor. Wir müssen daher beides ausprobieren. Nehmen wir an, Δ bedeutet N, so hieße das zweite Wort der siebenten Zeile N –. Es gibt in diesem Fall nur ein Wort, das einen Sinn ergibt, nämlich NU, aber nur, wenn vorher IM stünde. Das trifft hier nicht zu, da das erste Wort der siebenten Zeile drei Buchstaben hat, also können wir mit ziemlicher Sicherheit annehmen, daß das Zeichen Ю N bedeutet.

Ю = N

Nun empfiehlt es sich, bei den kurzen Wörtern weiterzukombinieren. Es ist sehr wahrscheinlich, daß in dem Text Artikel vorkommen. Wir haben drei Wörter mit drei Buchstaben zur Auswahl, von denen wir nur in einem Fall einen Buchstaben kennen, nämlich – E – (letztes Wort der dritten Zeile). Wenn das ein Artikel ist, dann kann er nur DER, DEM oder DES heißen. Wenn wir statt ⊕ M einsetzen, merken wir beim einzigen Wort der sechsten Zeile, daß es außer EMMEntaler, EMMErich und EMMEran kein Wort gibt, das mit EMME beginnt.
Versuchen wir es also mit ⊕ = R, dann heißt der Artikel DER. Von den beiden anderen Wörtern mit drei Buchstaben beginnt nur das erste Wort der fünften Zeile mit D. Wenn das ein Artikel ist, kann er nur DAS heißen.

⊕ = R

⋈ = D

ϟ = A

ꞁ = S

Wenden wir uns nun dem zweiten Wort der siebenten Zeile zu: – N. Da AN nicht in Frage kommt, kann es nur IN heißen.

Δ = I

Als nächstes nehmen wir am besten das Wort – I R in der siebenten Zeile. Es kann nur MIR oder WIR heißen. Auch hier können wir das M schnell ausscheiden, denn – M E I in der gleichen Zeile ergibt kein sinnvolles Wort.
Wir haben damit WIR, und das letzte Wort der siebenten Zeile wird wohl ZWEI heißen. Wenn wir das Z auch beim zweiten Wort der fünften Zeile eintragen und vermuten, daß das Wort ZIEL heißt, so liegt der Text schon ziemlich klar vor uns, und du kannst den Rest sicher allein ergänzen. [13]

⊥ = W

ξ = Z

⊡ = L

Obwohl der Text sehr kurz war, ist es uns doch mit einer Portion Wissen, etwas Kombinationsgabe und viel Glück gelungen, ihn zu entschlüsseln.

Da du jetzt schon zu den fortgeschrittenen Schriftentzifferern gehörst, kannst du dich gleich auf das nächste Problem stürzen. Eben wurde von den Archäologen ein neuer Fund gemeldet. Inmitten der Ruinen einer uralten Stadt fand man einen rechteckigen Stein, der zwar mit einer Inschrift in deutscher Sprache, aber in sehr geheimnisvollen Zeichen, versehen ist:

Drei Tips müßten für den Start genügen:

1. Welches ist das Zeichen für die Trennung der Wörter voneinander?
2. Setz anstatt der beiden häufigsten Zeichen die Buchstaben E und N ein.
3. Untersuch die möglichen Artikel.

14

Wenn du es allein nicht schaffst, kannst du dir unter der Nr. 15 einige weitere Tips holen.

Laß dir von einem Freund einen beliebigen, aber längeren Text verschlüsseln und versuch dann, ihn durch Anwendung der eben besprochenen Hilfsmittel und Tricks zu entziffern.

Die Buchstaben unseres Alphabets eignen sich aber auch zu vielen anderen Spielen. Eine besonders interessante Form sind die Buchstabenrätsel, bei denen wir durch eine bestimmte Anordnung von Buchstaben erreichen wollen, daß daraus ein Wort wird. Ideal dazu geeignet sind Wörter, in denen „an“, „um“, „in“, „im“, „auf“, „unter“ usw. vorkommen. Zwei Beispiele sollen das verdeutlichen:

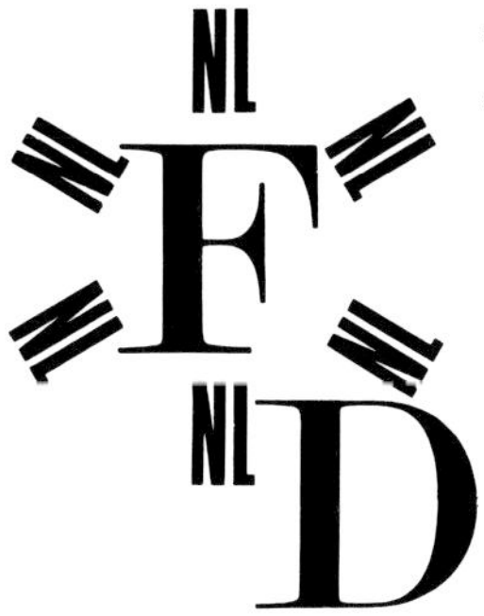

= F in NL an D
= FINNLAND

= B in D E = BINDE

(16) Jetzt bist du dran:

a)

b)

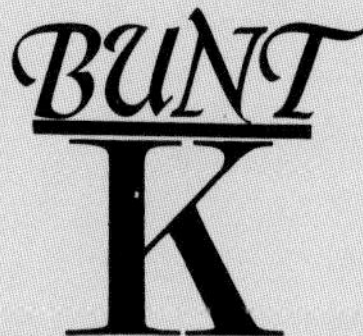

c)

d)

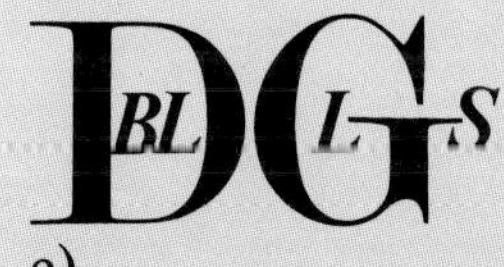

e)

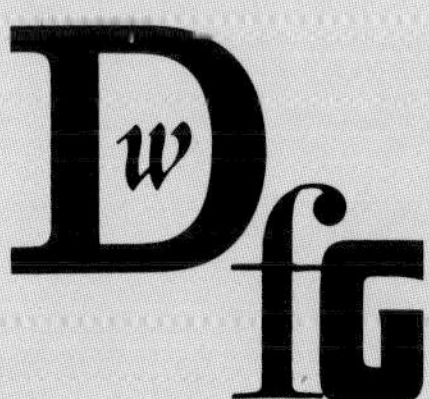

f)

g)

h)

i)

(17)
Wie würdest du folgende Wörter darstellen?
a) Findling
b) Mandoline
c) Kinderzimmer

Denk dir selber noch weitere Buchstabenrätsel aus!

Wörter

Werfen wir einen Blick zurück auf eine besondere Art der Bilderschrift. Manche von euch haben vielleicht schon gesehen, wie der Buchdrucker arbeitet: Viele aus Blei gegossene Buchstaben werden aus dem Setzkasten entnommen, zu Wörtern und Zeilen zusammengesetzt und wie ein Stempel auf Papier übertragen. Ihr wißt vielleicht auch, daß diese Methode der Mainzer Johannes Gutenberg im 15. Jahrhundert erfunden hat.

Fast niemand aber weiß, daß es einen ganz ähnlichen Druckvorgang schon in der Zeit um 1600 vor Christus gegeben hat. Auf der Insel

Kreta im Mittelmeer fanden Ausgräber im Jahr 1908 eine Scheibe aus Ton, die sie nach ihrem Fundort den „Diskos von Phaistos“ nannten. Über diesen rätselhaften Diskos (= griechische Form des Wortes Diskus) sind sich die Forscher bis heute nicht einig geworden.
Man weiß nicht, ob er aus Kreta stammt oder aus einem anderen Land Europas dorthin gebracht wurde, und man weiß auch nicht, was auf ihm steht, obwohl schon Hunderte Leute versucht haben, diese geheimnisvolle Schrift zu entziffern. Wir sehen Köpfe von Kriegern, Fische, Vögel und Äxte.

Aber auch Zeichen, die wir nicht deuten können.

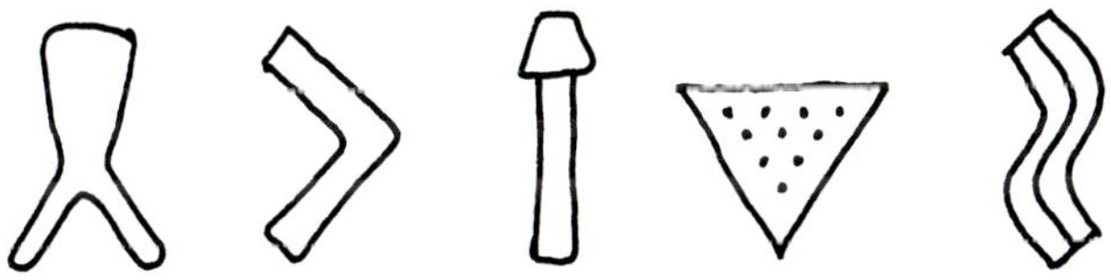

Das Einzigartige an dieser Scheibe ist jedoch, daß jedes der 45 verschiedenen Bilder mit einem kleinen Stempel in den weichen Ton gedrückt wurde. Das bedeutet doch, daß der Buchdruck im Prinzip schon dreitausend Jahre vor Gutenberg erfunden wurde.
Etwas anderes wird dir an dieser Scheibe sofort aufgefallen sein. Nämlich, daß die Schrift nicht in Zeilen von links nach rechts angeordnet ist. Die durch Striche abgetrennten Wörter beginnen am Außenrand und ziehen sich in einer Spirale bis zum Mittelpunkt der Scheibe.

18

Hast du schon irgendwo eine Schriftanordnung gesehen, die anders war als die gewohnte Zeilenordnung? Wo war das?

Es ist eigentlich gar nicht so selbstverständlich, daß wir von links nach rechts und von oben nach unten schreiben.

19

```
L R U O F S B D      REBA BAG SE
I E N B R C E I      REKLÖV HCUA
N C T E Ü H I E      NELIEZ NI EID
K H E N H R S          STHCER NOV
S T N   E I P C        SKNIL HCAN
  S   N R E I H        NEBEIRHCS
    U A   B E I
  N N C V E L N
  A D H O N S E
  C     N   W S
  H V       E E
    O       I N
    N       S
            E
```

Wenn wir uns nicht streng dran halten, einfach Buchstaben neben Buchstaben zu setzen, sondern mit der Schriftanordnung zu experimentieren beginnen, so können wir damit die erstaunlichsten Ergebnisse erzielen.
Versuchen wir zum Beispiel, bereits beim Schreiben eines Wortes auf seine Bedeutung einzugehen und diese bildlich darzustellen:

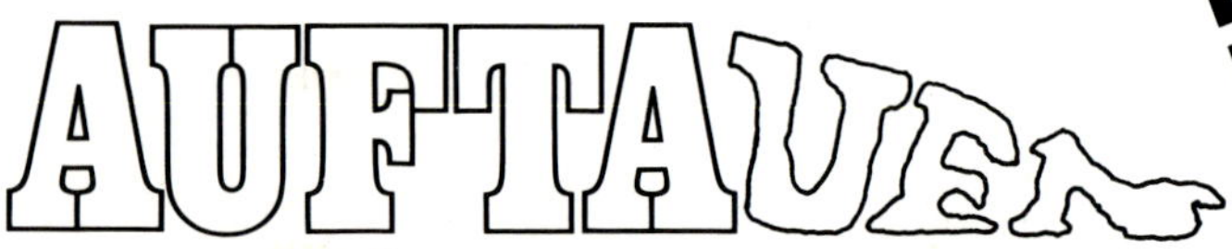

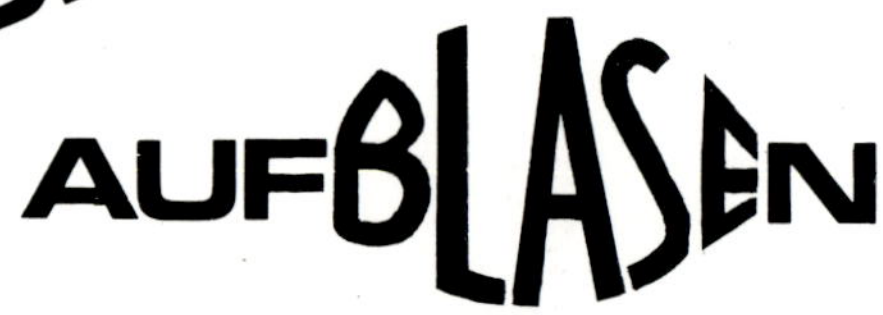

Auch sportliche Betätigungen eignen sich sehr gut dazu, sie bildlich darzustellen.

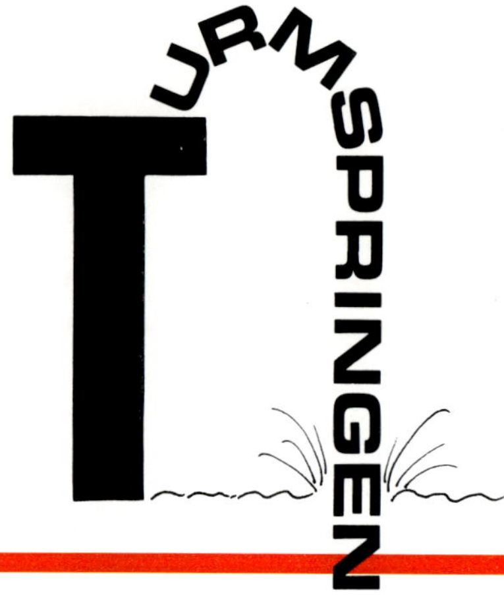

Und jetzt versuchen wir es noch mit Tiernamen.

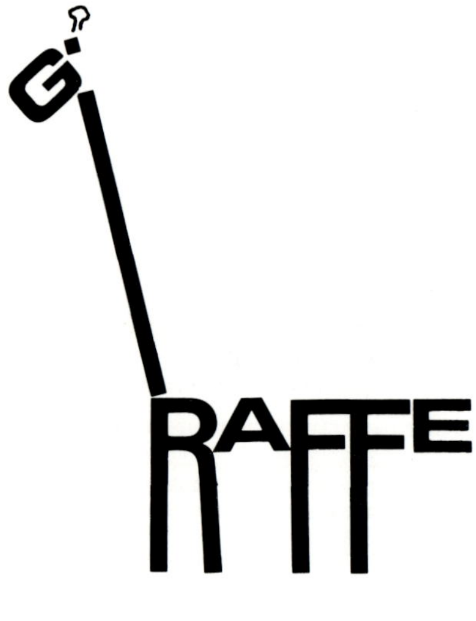

Versuch es selbst mit:
VERBREITERN
AUSWEICHEN
ABFALLEN

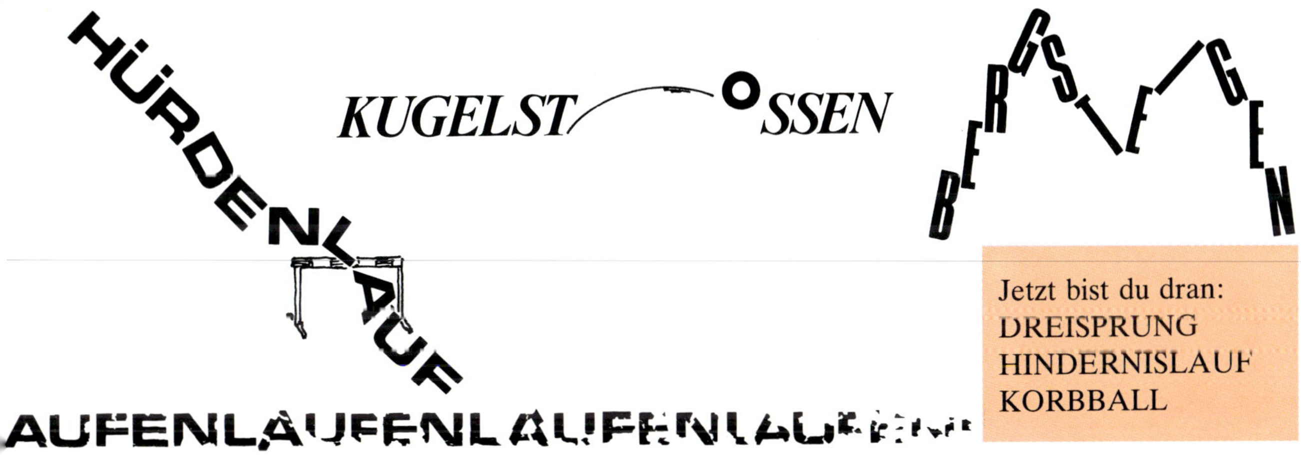

Jetzt bist du dran:
DREISPRUNG
HINDERNISLAUF
KORBBALL

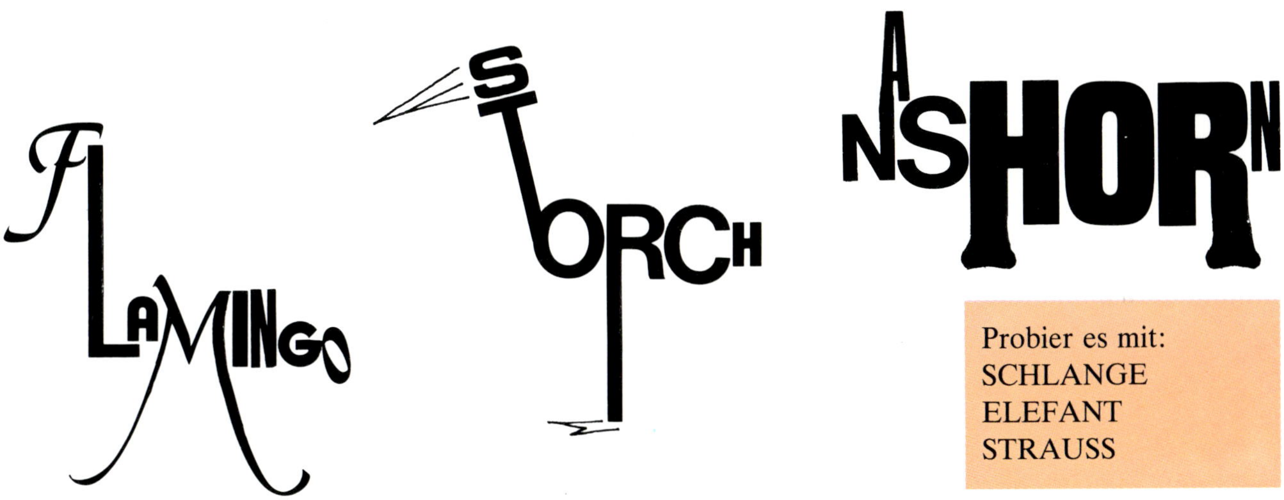

Probier es mit:
SCHLANGE
ELEFANT
STRAUSS

Wir können aber auch aus Wörtern ganze Bilder gestalten, wobei wir einen Zusammenhang zwischen dem Wort und dem Bild herstellen sollen. Die einfachste Möglichkeit ist die, daß wir den jeweiligen Gegenstand durch das Wort darstellen.

```
     W
    WE
    WEI
   WEIH
   WEIHN
  WEIHNA
  WEIHNAC
 WEIHNACH
 WEIHNACHT
WEIHNACHTS
     B
    AUM
```

```
      R
     A
    U    DA
    C   DACH
     H DACHDA
       DACHDACH
      DACHDACHDA
     DACHDACHDACH
    DACHDACHDACHDA
     HAUSHAUSHAUS
     HAUSHAUSHAUS
     HAUS    HAUS
     HAUS    HAUS
     HAUSTÜR HAUS
     HAUS    HAUS
     HAUS    HAUS
         WWWW
          EEEE
           GGGG
ZAUNZAUNZAUNZAUNZAUN
```

Wenn aber die Darstellung einen Gegensatz zwischen Wort und Bild aufweist, so können wir vielleicht damit bewirken, daß sich jemand Gedanken darüber macht.

Denk dir ähnliche Bilder aus!
Die schönsten davon könntest du auf einem Zeichenblatt farbig gestalten.
Wenn dir keine Schreibmaschine zur Verfügung steht, kannst du auch Buchstaben oder Wörter aus Zeitungen ausschneiden.

Wir können aber auch durch eine bestimmte Art der Zusammenstellung oder durch Zerlegen von Wörtern optische Gedichte herstellen. Ihre Bedeutung und ihre Wirkung ergibt sich weniger durch das reine Lesen, sondern durch das längere Betrachten und Nachdenken darüber.

```
  wd
wind
dniw
dw
```

Was könnte der Zeichner mit folgenden Bildern gemeint haben?

20

```
           FRIEDE
       FRIEDEFRIEDEFRIE
      FRIEDEFRIEDEFRIEDE
     FRIEDEFRIEDEFRIEDEFRIEDEFR                FRIEDE
           FRIEDEFRIEDEFRIEDEFRIEDEFRIEDEFRIEDEFRIEDE
          FRIEDEFRIEDEFRIEDEFRIE               FRIEDE
         FRIEDEFRIEDEFRIEDEFRIE
     FRIEDEFRIEDEFRIEDEFRIEDE
FRIEDEFRIEDEFRIEDEFRIEDEFRIEDEFRIEDEFRIEDE
 FRIEDEFRIEDEFRIEDEFRIEDEFRIEDEFRIEDEFRIE
  FRIEDEFRIEDEFRIEDEFRIEDEFRIEDEFRIEDEFR
   FRIEDEFRIEDEFRIEDEFRIEDEFRIEDEFRIEDE
    FRIEDEFRIEDEFRIEDEFRIEDEFRIEDEFRIE
     FRIEDEFRIEDEFRIEDEFRIEDEFRIEDEFR
      FRIEDEFRIEDEFRIEDEFRIEDEFRIEDE
       FRIEDEFRIEDEFRIEDEFRIEDEFRIE
```

21

```
         1,-
        100,-
       10000,-
      1000000,-
     100000000,-
    10000000000,-
   1000000000000,-
  100000000000000,-
 10000000000000000,-
1000000000000000000,-
```

22
Was soll mit dem kleinen optischen Gedicht über den Wind ausgesagt werden?

23
Probier einmal aus, wie viele andere Möglichkeiten es gibt, das Wort „Wind“ viermal zu schreiben und doch zusammen nur zwölf Buchstaben zu verwenden.

Jetzt noch einige weitere Beispiele, die dich zum eigenen Suchen und Erfinden anregen sollen:

```
ich ich ich ich ich
ich ich ich ich ich
ich ich  du ich ich
ich ich ich ich ich
ich ich ich ich ich
```

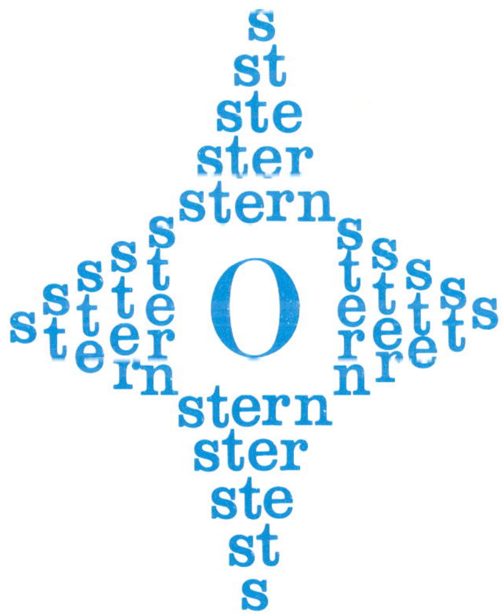


```
kommen n
komme en
komm hen
kom ehen
ko gehen
kom ehen
komm hen
komme en
kommen n
```

Es gäbe noch viele Arten, mit unserer Sprache und unserer Schrift schöpferische Experimente zu machen. Immer wieder werden wir selbst überrascht sein von den Ergebnissen dieses Spiels, das eine jahrtausendelange Entwicklung hinter sich hat. Aus Bildern wurden Silben, Buchstaben und Wörter – wir haben zuletzt die Wörter wieder zu Bildern gemacht: damit ist der Kreis geschlossen.

Was bedeutet

ARCHÄOLOGIE: die Wissenschaft von der Erforschung alter Völker und Kulturen

ARCHIV: Ein Gebäude oder ein Raum, in dem eine Sammlung von Urkunden aufbewahrt wird; auch die Sammlung selbst

BÜSTE: plastische Darstellung eines Menschen bis zur Brust

COMICS: eigentlich Comic strips = wörtlich: „komische Streifen"; lustige Bildergeschichten mit Sprechblasen

DISKUS: ein scheibenförmiges Wurfgerät

GRAPHOLOGIE: Deutung der Eigenarten der Handschrift eines Menschen; in diesen Eigenarten drückt sich sein Charakter aus

HIEROGLYPHEN: altägyptische Bilderschrift

INITIALE: durch Größe und Verzierung hervorgehobener Anfangsbuchstabe

ISLAM: die jüngste der großen Weltreligionen, im 7. Jahrhundert nach Christi Geburt durch den Propheten Mohammed begründet

KARIKATUR: Zeichnung oder Bild, auf dem das Dargestellte mit Witz oder Spott ausgedrückt wird

KULT: Verehrung einer unbekannten Macht oder eines Gottes durch gemeinsame Handlungen einer Menschengruppe (Tanzen, Beten usw.)

LASCAUX: sprich: laskó. Höhle mit altsteinzeitlichen Felsbildern bei Montignac in Südwestfrankreich

MAYA: ausgestorbenes indianisches Volk mit hoher Kulturentwicklung in Mittelamerika

RHYTHMUS: bestimmte, geordnete Folge von Tönen oder Bewegungen

RUNEN: germanische Schriftzeichen

SCHEMA: Plan, Muster

SIGNAL: sichtbare oder hörbare Zeichen, auf deren Bedeutung man sich geeinigt hat

STADTSTAAT: kleiner Staat, der nur das Gebiet einer Stadt mit seiner näheren Umgebung umfaßt

SYMBOL: ein Zeichen, das neben seiner eigentlichen Bedeutung noch einen anderen Sinn hat (z. B.: Taube = Friede)

Wenn du nic

Wenn du hingegen selbst etwas gefunden oder erfunden hast, bist du ein echter „Sprachkünstler".

1 Pfeifen, Lichtsignale, . . .

2 Bei den Ägyptern bedeuteten diese beiden Bilder „finden" und „weinen".
Was hast du vermutet?

3 Die Mesopotamier meinten damit:
a) Wasser
b) Berge
c) Stern
Was könnten die Zeichen sonst noch bedeuten?

4 a) Drei Personen singen.
b) Was soll das?

5 a) Halten und Parken verboten
b) Bahnübergang mit Schranken
c) Autostraße

6 Ist dir noch etwas eingefallen?
Wie wäre es mit:
° = Grad
„ " = direkte Rede
Es fällt dir nun sicher selbst noch manch anderes ein.

7 a) Ich habe ein Haus in der Stadt.
b) Morgen wird sie zu mir kommen.
(Wörtlich: Morgen sie wird gehen zu ich.)

8 a) b)

9 a) Bildschirm
b) Banknote